BEI GRIN MACHT SICH IHR WISSEN BEZAHLT

- Wir veröffentlichen Ihre Hausarbeit,
  Bachelor- und Masterarbeit

- Ihr eigenes eBook und Buch -
  weltweit in allen wichtigen Shops

- Verdienen Sie an jedem Verkauf

Jetzt bei www.GRIN.com hochladen und kostenlos publizieren

Matthias Phul

Ökonometrische Methoden der empirischen Wirtschaftsforschung

Zusammenfassung

GRIN Verlag

Bibliografische Information der Deutschen Nationalbibliothek:

Die Deutsche Bibliothek verzeichnet diese Publikation in der Deutschen National-
bibliografie; detaillierte bibliografische Daten sind im Internet über http://dnb.d-
nb.de/ abrufbar.

Impressum:

Copyright © 2013 GRIN Verlag GmbH
Druck und Bindung: Books on Demand GmbH, Norderstedt Germany
ISBN: 978-3-656-70921-3

Dieses Buch bei GRIN:

http://www.grin.com/de/e-book/277820/oekonometrische-methoden-der-empiri-
schen-wirtschaftsforschung

Zusammenfassung
Ökonometrische Methoden der empirischen Wirtschaftsforschung

Matrizen

Determinante

In der Linearen Algebra ist die Determinante eine spezielle Funktion, die einer quadratischen Matrix einen Skalar zuordnet. Zum Beispiel hat die Matrix $A = \begin{pmatrix} a & b \\ c & d \end{pmatrix}$ die Determinante

$$\det A = \begin{vmatrix} a & b \\ c & d \end{vmatrix} = ad - bc.$$

Transponierung von Matrizen

Die *Transponierte* einer $m \times n$-Matrix $A = (a_{ij})$ ist die $n \times m$-Matrix $A^T = (a_{ji})$, das heißt zu

$$A = \begin{pmatrix} a_{11} & \cdots & a_{1n} \\ \vdots & \ddots & \vdots \\ a_{m1} & \cdots & a_{mn} \end{pmatrix}$$

ist

$$A^T = \begin{pmatrix} a_{11} & \cdots & a_{m1} \\ \vdots & \ddots & \vdots \\ a_{1n} & \cdots & a_{mn} \end{pmatrix}$$

Beispiel:

$$\begin{pmatrix} 1 & 8 & -3 \\ 4 & -2 & 5 \end{pmatrix}^T = \begin{pmatrix} 1 & 4 \\ 8 & -2 \\ -3 & 5 \end{pmatrix}$$

die Transponierte. Man schreibt also die erste Zeile als erste Spalte, die zweite Zeile als zweite Spalte usw. Die Matrix wird sozusagen an ihrer Hauptdiagonale „gespiegelt".

Spur einer Matrix

Die Summe der Hauptdiagonalenelemente einer n × n-Matrix A nennt man die Spur von A

$$\mathrm{Spur}(A) = \sum_{j=1}^{n} a_{jj} = a_{11} + a_{22} + \cdots + a_{nn} \in K$$

Rang einer Matrix

Die Anzahl der Zeilen ≠ 0, nachdem die Matrix (mithilfe des Gauß-Algorithmus) in Zeilenstufenform gebracht worden ist.

rg (A) =

Adjungierte Matrix

Die zu einer Matrix A adjungierte Matrix A* ist eine Matrix, die eine bestimmte Vertauschungsbedingung für Skalarprodukte erfüllt.

Invertierung von Matrizen

Falls die Determinante einer quadratischen $n \times n$ -Matrix A nicht gleich Null ist, d. h. für $\det(A) \neq 0$, existiert die zur Matrix A inverse Matrix A^{-1}. Dabei gilt $A^{-1} A = E$. E ist die $(n \times n)$ Einheitsmatrix

Absolutglied

Absolutglied wird in einer Gleichung zwischen bekannten und unbekannten Größen das von den letzteren freie Glied genannt, z.B. in a x2 + b x + c = 0 ist c das Absolutglied.

Vom Gleichungssystem zur Matrixschreibweise

Regressionsmodell als Gleichungssystem:
$$y = \beta_0 + \beta_1 x_1 + \beta_2 x_2 + \ldots + \beta_p x_p + \epsilon$$

Spaltenvektoren der abhängigen Variable Y, der unabhängigen Variable X, des Regressionskoeffizienten β und des Störterms (Residuum) ε:

$$
y = \begin{pmatrix} y_1 \\ y_2 \\ \ldots \\ y_i \\ \ldots \\ y_n \end{pmatrix}, \quad
\underline{\epsilon} = \begin{pmatrix} \epsilon_1 \\ \epsilon_2 \\ \ldots \\ \epsilon_i \\ \ldots \\ \epsilon_n \end{pmatrix} \quad
\underline{\beta} = \begin{pmatrix} \beta_0 \\ \beta_1 \\ \beta_2 \\ \ldots \\ \beta_j \\ \ldots \\ \beta_p \end{pmatrix},
$$

und

$$
\underline{X} = \begin{pmatrix}
1 & x_{11} & x_{12} & \cdots & x_{1j} & \cdots & x_{1p} \\
1 & x_{21} & x_{22} & \cdots & x_{2j} & \cdots & x_{2p} \\
\vdots & & & & & & \vdots \\
1 & x_{i1} & x_{i2} & \cdots & x_{ij} & \cdots & x_{ip} \\
\vdots & & & & & & \vdots \\
1 & x_{n1} & x_{n2} & \cdots & x_{nj} & \cdots & x_{np}
\end{pmatrix}
$$

Nach der Überführung in Matrixschreibweise lässt sich das Gleichungssystem erheblich einfacher darstellen:
$$\underline{y} = \underline{X} \cdot \underline{\beta} + \underline{\epsilon}$$

Lineare Regression

Ein Regressionsmodell Y = β0 + β1X1 + … + βkXk + ε beschreibt eine endogene Variable Y durch eine lineare Beziehung zu einer oder mehreren anderen Variablen X1, …, Xk. Da es in der Praxis keine exakte Beziehung zwischen empirisch beobachteten Größen geben wird, erfasst darin ein Störterm e (das Residuum) zusätzlich alle Faktoren, die neben X1, …, Xk einen Einfluss auf Y haben und nicht unmittelbar erfassbar sind. Von besonderer praktischer Bedeutung ist die Erlangung von

Schätzungen für die Modellparameter β_0, ..., β_k, da auf ihrer Basis Prognosen für die Ausprägung von Y bei vorliegenden Ausprägungen von X_1, ..., X_k möglich sind, sofern sich das Modell als empirisch tauglich herausgestellt hat. Das Standardverfahren zur Schätzung der Parameter in linearen Regressionsmodellen ist die OLS-Schätzung (engl. Ordinary Least Squares). Um sie problemlos anwenden zu können, sind jedoch vom Regressionsmodell eine Reihe von Annahmen zu erfüllen (4 Annahmen aus VL).

- multiple Regression: Regression mit mehreren unabhängigen Variablen
- von der Stichprobe $\tilde{y} = X\,b + \tilde{e}$ ...
- ... zur geschätzten Regressionshyperebene $\hat{y} = \underline{X}\,\underline{b}$
-

Lineare Regression durch den Ursprung
- Das Absolutglied (= der konstante Term) fällt weg

Dummyvariable

Die Einsen in der ersten Spalte dienen als Platzhalter für das Absolutglied. Man nennt eine derartige "Variable" Dummyvariable.

$$\underline{X} = \begin{pmatrix} 1 & x_{11} & x_{12} & \cdots & x_{1j} & \cdots & x_{1p} \\ 1 & x_{21} & x_{22} & \cdots & x_{2j} & \cdots & x_{2p} \\ \vdots & & & & \vdots & & \\ 1 & x_{i1} & x_{i2} & \cdots & x_{ij} & \cdots & x_{ip} \\ \vdots & & & & \vdots & & \\ 1 & x_{n1} & x_{n2} & \cdots & x_{nj} & \cdots & x_{np} \end{pmatrix}$$

Regressionskoeffizient

Gibt den Beitrag einer unabhängigen (exogenen) Variable X (dem Regressor) für die Prognose der abhängigen (endogenen) Variable Y an.

- Regressionskoeffizient: b
- b bzw. β sind nicht nur Regressions- sondern auch Steigungskoeffizienten
- standardisierter Regressionskoeffizient: β
- Standardisierung: Mittelwert = 0 und Varianz = 1 gesetzt
- den unbekannten, zu schätzenden Parametern β_1 und β_2 werden die Schätzwerte b_1 und b_2 zugeordnet

$$\beta_j = b_j \cdot \frac{s_{x_j}}{s_y}$$

wobei b_j der Regressionskoeffizient für Regressor x_j. s_{x_j} Standardabweichung der unabhängigen Variable x_j und s_y Standardabweichung der abhängigen Variable y

Verzögerte endogene Variable

Hier tritt die zu erklärende Variable (links des Gleichheitszeichens) selbst zeitlich verzögert in einer anderen Gleichung desselben Mehrgleichungsmodells auch rechts als erklärende Variable auf.

Scheinregression

Fälschlicherweise resultieren Schätzergebnisse, die dafür sprechen, dass die erklärende Variable einen signifikanten Einfluss auf die erklärte Variable hat, auch wenn zwischen beiden Variablen keinerlei Zusammenhang besteht.

Klassisches Lineares Regressionsmodell (KLR)

Beim KLR handelt es sich um das „normale" Regressionsmodell. Zusätzlich zur Linearität des Ansatzes müssen folgende vier Annahmen erfüllt sein:

(A1) $E\,\underline{\tilde{u}} = \underline{0}$ → der Erwartungswert des Störterms ist der Nullvektor → ≈ Erwartungswert = 0

(A2)

(A3) $rg(\underline{X}) = k \leq T$ → die Anzahl der Spalten darf nicht größer sein als die Anzahl der Beobachtungstupel

(A4) $\underline{\tilde{u}}$ „ist normalverteilt" $N(\,0;\,\sigma^2_u * I_{(TxT)})$

- beim KLR wendet man standardmäßig die OLS-Schätzung an
- beim VLR (Verallgemeinertes lineares Regressionsmodell) standardmäßig die GLS-Schätzung
- KLR ist einfacher, aber auch restriktiver als VLR

OLS-Schätzung (Ordinary Least Squares)

- Kleinste-Quadrate-Methode
- Standardverfahren zur Schätzung der Parameter in linearen Regressionsmodellen (KLR)
  - → es geht also darum, den Regressionskoeffizienten zu schätzen
  - $\underline{b} = (\underline{X}'\,\underline{X})^{-1}\,\underline{X}'\,\underline{y}$
- Anforderung an OLS-Schätzfunktionen: BLU
  - **B**este
  - **L**ineare
  - **E**rwartungstreue (=**U**nverzerrte)
  - … Schätzfunktionen für die unbekannten Parameter β_1 und β_2

GLS-Schätzung (Generalised Least Squares)

- verallgemeinertes Regressionsmodell
- Schätzverfahren, wird angewandt bei Residuen, die von den Annahmen wie Unkorreliertheit (es herrscht Autokorrelation) und Homoskedastie (es herrscht Heteroskedastie)abweichen
  → in diesem Fall ist OLS-Schätzung nicht anwendbar

Autokorrelation

Autokorrelation erster Ordnung AR [1]

- Störterm hängt nur vom Wert der Vorperiode ab
  (hängt ab = korreliert mit dem Störterm der Vorperiode)

Autokorrelation höherer Ordnung

- Störterm hängt auch von weiter zurückliegenden Werten ab

Durbin-Watson-Test

- geeignet zur Prüfung auf Autokorrelationen 1. Ordnung (= AR [1])

- H_0 besagt, dass keine Autokorrelation vorliegt
- Ergebnis des Tests: Maßzahl d mit Wertebereich $0 \leq d \leq 4$
  - d = 2 → keine Autokorrelation (0)
  - d ≈ 0 → perfekte positive Autokorrelation (1)
  - d = 4 → perfekte negative Autokorrelation (-1)
- es wird eine untere (d_L) und eine obere (d_u) Schranke des sog. Indifferenzbereichs ermittelt
  - Ablehnung von H_0 für $d < d_L$
  - Nichtablehnung von H_0 für $d > d_u$
  - keine Aussage möglich für $d_L < d < d_u$

Wallis-Test
- geeignet zur Prüfung auf Autokorrelationen 4. Ordnung   (= AR [4])

Genauigkeitsmaße für Prognosen

speziell:

- *mittlerer absoluter Fehler:* $\sum_{z_t} \left| y_{z_t} - \hat{y}_{z_t} \right| \Big/ T^*$

- *mittlerer quadratischer Fehler:* $\sum_{z_t} \left(y_{z_t} - \hat{y}_{z_t} \right)^2 \Big/ T^*$

- *THEIL'scher Ungleichheitskoeffizient:* (dimensionslos)

$$U = \sqrt{\frac{1}{T} \sum_{z_t} \left(\Delta \hat{y}_{z_t} - \Delta y_{z_t} \right)^2 \Big/ \frac{1}{T} \sum_{z_t} \left(y_{z_t} - y_{z_t-1} \right)^2} \quad , (0 \leq U \leq 1),$$

mit

$$\Delta \hat{y}_{z_t} = \left(\hat{y}_{z_t} - y_{z_t-1} \right) \Big/ y_{z_t-1} \quad \text{und} \quad \Delta y_{z_t} = \left(y_{z_t} - y_{z_t-1} \right) \Big/ y_{z_t-1}$$

U = 0, falls realisierte = prognostizierte Werte, also exakte Übereinstimmung; U = 1, falls Zähler = Nenner, also Veränderung gegenüber Vorperiode = Prognosefehler
⇒ U sollte möglichst nahe bei Null liegen

Bestimmtheitsmaß
Das Bestimmtheitsmaß r^2 gibt an, welcher Anteil der Varianz einer abhängigen Variablen Y durch ein statistisches Modell erklärt wird. Es ist daher ein Maß für die Güte des gewählten Regressionsansatzes.

multiples Bestimmtheitsmaß:

$r^2 = \dfrac{ESS}{TSS} = \dfrac{\text{erklärter Teil der Streuung}}{\text{Gesamtstreuung}}$ bzw. $= 1 - \dfrac{RSS}{TSS} = 1 - \dfrac{e'e}{y'A\,y}$

angepasstes (korrigiertes) Bestimmtheitsmaß

$\bar{r}^2 = 1 - \dfrac{e'e/(T-k)}{y'A\,y\,/(T-1)}$ → korrigiert um Anzahl der Freiheitsgrade

Korrelationskoeffizienten

Einfacher Korrelationskoeffizient zwischen y und Regressor x_j

- normalweise geschrieben: r_{12} → 1 = Regressand, 2 = Regressor

$$r_{1j} = \frac{\sum_t (x_{jt} - \bar{x}_j)(y_t - \bar{y})}{\sqrt{\left(\sum_t (x_{jt} - \bar{x}_j)^2\right) \cdot \left(\sum_t (y_t - \bar{y})^2\right)}} = \frac{\sum_t x_{jt} y_t - T \cdot \bar{x}_j \cdot \bar{y}}{\sqrt{\left(\sum_t x_{jt}^2 - T \cdot \bar{x}_j^2\right) \cdot \left(\sum_t y_t^2 - T \cdot \bar{y}^2\right)}}$$

Partieller Korrelationskoeffizient zwischen zwei Regressoren

$$r_{mm'\bullet} = \frac{r_{mm'} - \underline{c}'_m \underline{C}_{mm'}^{-1} \underline{c}_{m'}}{\sqrt{\left(1 - \underline{c}'_m \underline{C}_{mm'}^{-1} \underline{c}_m\right)\left(1 - \underline{c}'_{m'} \underline{C}_{mm'}^{-1} \underline{c}_{m'}\right)}},$$

Vorteil des partiellen Korrelationskoeffizienten

- Ausschluss von z. B. „Scheinkorrelationen", die auch die Aussage des Bestimmtheitsmaßes beeinflussen
- Eine große Differenz zwischen einfachem und partiellem Korrelationskoeffizienten weist darauf hin, dass der betrachtete Regressor eine Scheinkorrelation ausweist → schlecht für Modellgüte
- außerdem: Vorzeichenwechsel zwischen einfachem und partiellen Korrelationskoeffizient → weiterer Hinweis, dass Variable nicht nützlich in Modell

Zusammensetzung der Streuung

Streuungsmaß	Erklärung	Freiheitsgrade (=df)
ESS +	Streuung der x-Werte (= erklärter Teil der Streuung)	$k - 1$
RSS	Streuung der Residuen (= nicht erklärter Teil der Streuung)	$T - k$
= TSS	Gesamtstreuung	$T - 1$

T = Anzahl Beobachtungstupel, z.B. Anzahl der Periode

k = Anzahl der Regressoren inklusive Absolutglied (oder Störterm)

$$S_e^2 = \frac{RSS}{T-k}$$

Multikollinearität

vollkommene Multikollinearität: perfekte Korrelation zwischen den erklärenden Variablen

→ OLS-Schätzung unmöglich

unvollkommene Multikollinearität: hohe Korrelation zwischen den erklärenden Variablen (zu erkennen an hohen paarweisen Korrelationskoeffizienten)

→ OLS kann nicht präzise zwischen den Einflüssen der einzelnen Variablen unterscheiden →führt zu ungenauen Parameterschätzungen

→ empirische Daten weisen jedoch immer einen gewissen (niedrigen) Grad an Multikollinearität auf

Kennzahlen für den Grad der Multikollinearität

1. **Varianzinflationsindex**

   Je größer der Varianzinflationsfaktor $VIF_i = \dfrac{1}{1-r_i^2}$ mit $2 \le i \le k$, desto stärker sind die Hinweise auf Multikollinearitäten.

   $VIF = 1$ → keine Multikollinearität

   $VIF > 10$ → Multikollinearität

2. **Toleranz**

   Die Toleranz $T_i = 1 - r_i^2$ wird zur Einschätzung der Multikollinearität benutzt. (Hinweis: r^2 ist das Bestimmtheitsmaß)

   $T_i < 0,01$ → starke MK

   $T_i = 1$ → keine MK

3. **Varianzzerlegung**

   Je größer die Anteile der Varianz sind, die mit dem Eigenwert verbunden sind, desto stärker ist der Einfluss des jeweiligen Regressors x_j und desto größer ist die bei x_j auftretende MK.

4. **Konditionsindex (Bindungsindex)**

   Die Matrix $X'X$ ist positiv semi-definit, d.h. alle Eigenwerte λ_i der Matrix sind positiv oder Null. Wird die Matrix singulär, dann ist mindestens ein Eigenwert gleich Null. Ist der Konditionsindex

   $KI_j = \sqrt{\dfrac{\lambda_j}{min_i \lambda_i}}$ größer als 30 spricht man ebenfalls von starker Multikollinearität.

   $KI > 30$ → starke MK

   $10 < KI < 30$ → mäßige MK

Homoskedastie	**Heteroskedastie**
konstante Streuung der Punkte um die Gerade	unterschiedliche Varianz (=Streuung) der Residuen um die Regressionsgerade

→ Problem, da in der klassischen linearen Regressionsanalyse Homoskedastizität der Residuen vorausgesetzt wird

→ Heteroskedastie verletzt (A2) des KLR

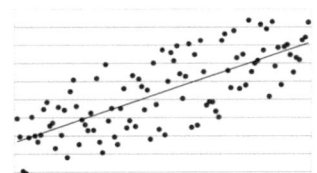

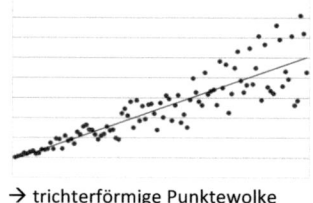

→ trichterförmige Punktewolke

Strukturbruch

Ein Strukturbruch in statistischen Zeitreihen tritt dann auf, wenn die Regressionsparameter nicht über die gesamte Zeitreihe hinweg konstant sind. Es handelt sich also um eine Änderung der Modellstruktur. Ist ein Strukturbruch vorgekommen, muss eine erneute Parameterschätzung vorgenommen werden. Das Eintreten eines Strukturbruchs kann durch statistische Testverfahren überprüft werden.

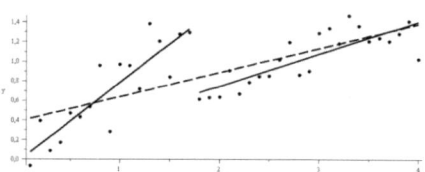

Unrestringierte und restringierte Modelle

unrestringiertes Modell
- unverändertes Ausgangsmodell
- Notation: $_{ur}$

restringiertes Modell
- Ausgangsmodell wird zur Vereinfachung um Regressoren reduziert → „kleines" Modell
- Notation: $_r$

Schätzgleichungen und Definitionsgleichungen

Schätzgleichungen wie die Konsumfunktion oder die Investitionsfunktion werden mit Hilfe ökonometrischer Verfahren geschätzt (Regressionsanalyse). Die Schätzgleichungen selbst werden dabei nach wirtschaftstheoretischen Hypothesen spezifiziert, also etwa die Hypothese, dass der Konsum durch das Einkommen bestimmt wird, oder dass die Investitionen sich mit der Höhe des Zinssatzes verändern.

Definitionsgleichungen bestimmen einen festen Zusammenhang zwischen verschiedenen Merkmalen und werden nicht geschätzt. So setzt sich z. B. das Bruttoinlandsprodukt definitionsgemäß aus Konsum, Investition, Staatsausgaben sowie Export abzüglich Import zusammen.

Im Unterschied zu den Einzelgleichungen treten die endogenen Variablen selbst als erklärende Variable in anderen Schätzgleichungen auf. Jedes ökonometrische Modell hat jedoch auch exogene Variablen, die durch keine Gleichung erklärt werden. Diese stellen die Annahmen eines ökonometrischen Modells dar. Beispielsweise könnte ein ökonometrisches Modell die Entwicklung des Welthandels unerklärt lassen und als exogene Variable vorgeben (die dann die Exporte erklärt usw.). Typische exogene Variablen sind auch die Steuersätze, etwa der Mehrwertsteuersatz.

Sind viele Variablen eines Modelles exogen, spricht man von einem hohen Bedingtheitsgrad, erklären sich die meisten Variablen endogen selbst gegenseitig, dann spricht man von einem niedrigen Bedingtheitsgrad.

2 Möglichkeiten um herauszufinden, ob ein Regressor im Ansatz belassen werden soll
1. Liefert f-Test signifikantes Ergebnis und wird H_0 abgelehnt? → im Ansatz belassen
2. Liefert t-Test signifikantes Ergebnis und wird H_0 abgelehnt? → im Ansatz belassen

f-Test
Zweck des f-Tests ist die Überprüfung des Modellansatzes

$$f = \frac{ESS / (k-1)}{RSS / (T-k)}$$

T-Test
Zweck des T-Tests ist die Überprüfung des Modellansatzes

In Anova-Tabelle: $T = \frac{zu\ untersuchender\ Regressionskoeffizent\ \beta}{dazugehöriger\ Standardfehler}$

Zusammenhang mit F-Test: $\tilde{t} = \sqrt{f}$ bzw. $f = t^2$

Prozess der Hypothesenprüfung mit F-Test (bei linearer Mehrfachregression)

Hypothesenprüfung für einen einzigen Steigungskoeffizienten
1. Formulierung der Hypothese: H_0 : „$\beta_j = 0$"
2. Berechnung der f-Prüfgröße
3. Vergleich mit f-Wert aus Tabelle
   $F_{1;(T-k)}$-verteilt
   Ablehnung wenn f-Wert > f[(1 − α) | q;T - k] mit
   q = Zähler df,   hier = k − 1
   T − k = Nenner df

Alternativ möglich: t-Test
1. Formulierung der Hypothese: H_0 : „$\beta_j = 0$"
2. Berechnung der t-Prüfgröße
3. Vergleich mit t-Wert aus Tabelle
   $T_{(T-k)}$-verteilt
   Zweiseitiger Ablehnungsbereich, daher $1 - \frac{\alpha}{2}$

Hypothesenprüfung für alle Steigungskoeffizienten

1. Formulierung der Hypothese: H_0 : „$\beta_2 = \beta_3 = \dots = \beta_k = 0$" → mehrere Steigungskoeffizenten β
2. Berechnung der f-Prüfgröße
3. Vergleich mit f-Wert aus Tabelle

   $F_{(k-1);\,(T-k)}$-verteilt

   Ablehnung wenn f-Wert > $f[(1-\alpha)\,|\,q;T-k]$ mit

   q = Zähler df,   hier = $k-1$

   $T-k$ = Nenner df

Hypothesenprüfung für eine Teilmenge von Steigungskoeffizienten

1. Formulierung der Hypothese: H_0 : „$\beta_{k-s+1} = \beta_{k-s+2} = \dots = \beta_k = 0$"
2. Berechnung der f-Prüfgröße
3. Vergleich mit f-Wert aus Tabelle

   $F_{s;\,(T-k)}$-verteilt

   Ablehnung wenn f-Wert > $f[(1-\alpha)\,|\,q;T-k]$ mit

   q = Zähler df,   hier = $k-1$

   $T-k$ = Nenner df

Prozess der Prüfung auf Strukturbruch → siehe FS

Notationen

R = Matrix

r = Vektor

u = Residuum

e = Stichprobenresiduum

→ das Residuum $\tilde{u}$ wird durch Schätzung aus der Stichprobe zu $\tilde{e}$

~ = stochastisch

^ = geschätzt